LES
BUREAUX DE BIENFAISANCE

A PARIS

DÉCRET DU 12 AOUT 1886

PORTANT RÈGLEMENT D'ADMINISTRATION PUBLIQUE

SUR L'ORGANISATION DES SECOURS A DOMICILE

DANS LA VILLE DE PARIS

SUIVI DE

l'Arrêté du ministre de l'intérieur du 25 février 1887

REGLANT LE CONCOURS POUR LES MÉDECINS DE BUREAUX DE BIENFAISANCE

PARIS

BERGER-LEVRAULT ET Cⁱᵉ, LIBRAIRES-ÉDITEURS

5, RUE DES BEAUX-ARTS, 5

MÊME MAISON A NANCY

—

1887

LES
BUREAUX DE BIENFAISANCE

A PARIS

DÉCRET DU 12 AOUT 1886

PORTANT RÈGLEMENT D'ADMINISTRATION PUBLIQUE

SUR L'ORGANISATION DES SECOURS A DOMICILE

DANS LA VILLE DE PARIS

SUIVI DE

l'Arrêté du ministre de l'intérieur du 25 février 1887

RÉGLANT LE CONCOURS POUR LES MÉDECINS DE BUREAUX DE BIENFAISANCE

PARIS

BERGER-LEVRAULT ET Cie, LIBRAIRES-ÉDITEURS

5, RUE DES BEAUX-ARTS, 5

MÊME MAISON A NANCY

1887

LES

BUREAUX DE BIENFAISANCE

A PARIS

Le 12 août 1886, est intervenu un décret depuis longtemps attendu, qui porte règlement d'administration publique sur l'organisation des secours à domicile dans la ville de Paris.

Inutile de faire ressortir l'importance de cet acte. Il suffit de rappeler que le chiffre des secours à domicile distribué annuellement dans la capitale s'élève à plus de 7 millions, que la clientèle des bureaux de bienfaisance, d'après le dernier recensement, ne comprend pas moins de 47,627 ménages et de 123,324 individus.

D'autre part, la législation qui régit les bureaux de bienfaisance est bien vague, bien indécise. Le nouveau règlement peut, même pour la province, fournir, par analogie, des solutions aux questions douteuses que soulève l'application de cette législation, notamment sous le rapport des attributions.

Il n'est pas sans intérêt de retracer sommairement l'histoire des bureaux de bienfaisance de Paris [1] et la genèse du décret qui vient de préciser leur organisation.

On sait que les organes de la charité publique qui ont pour mission l'assistance des indigents à domicile, les bureaux de bienfaisance, constituent des établissements distincts et indépendants des administrations hospitalières, ayant leur individualité et leur personnalité propres,

---

1. On n'ignore pas que, dans l'ancien droit, il existait déjà un service de secours à domicile qui consistait dans les œuvres paroissiales réglementées notamment par l'édit du 9 juillet 1547 et dans le bureau général des pauvres institué par François Iᵉʳ en 1544. Nous ne parlons ici que des bureaux de bienfaisance proprement dits.

leur dotation et leurs ressources particulières. Cette dotation leur a été assurée par la loi du 7 frimaire an V, qui les a créés en vue du recouvrement et de la répartition du droit des pauvres, établi par cette même loi, d'abord à titre temporaire, au profit des indigents non placés dans les hospices, et les a autorisés à recevoir des dons en faveur des malheureux. Elle a reçu tout son développement de l'arrêté du 7 prairial an XI, qui a permis à ces établissements d'aller au-devant de la générosité publique, en organisant des quêtes et des collectes.

A Paris, cette autonomie des bureaux de bienfaisance ne fut pas de longue durée. Dès l'an IX, un arrêté des Consuls, en date du 29 germinal, réunit aux attributions du conseil d'administration des hôpitaux l'administration des établissements de secours à domicile que la loi de l'an V avait trouvés établis dans les divers quartiers de Paris.

Les comités particuliers de bienfaisance devenaient de simples succursales de l'administration hospitalière, chargés « de l'exécution des actes et délibérations du conseil des hôpitaux ».

Tous les fonds destinés à la bienfaisance publique devaient être versés dans la caisse générale de cette administration ; les comités de bienfaisance ne pouvaient disposer d'autres fonds que de ceux qu'elle leur remettait.

Mais, dès l'année 1813, les bureaux de bienfaisance cessèrent d'être de simples distributeurs des fonds répartis par l'administration centrale : on vit apparaître les recettes intérieures, effectuées par les bureaux eux-mêmes et affectées à leurs propres besoins.

« Les bureaux emploieront, dit l'arrêté du ministre de l'intérieur du 23 octobre 1813, tous les moyens convenables pour augmenter leurs recettes. Ils pourront faire à leur profit des quêtes, des collectes, des souscriptions particulières, placer des troncs, etc... Les produits seront entièrement à la disposition des bureaux... »

Maîtres du produit de leurs quêtes et de leurs souscriptions, cette ressource primordiale des bureaux de bienfaisance, les bureaux d'arrondissement eurent désormais un budget en règle, un comptable astreint à toutes les obligations de la comptabilité publique, et fournissant un cautionnement pour la garantie de sa gestion (arrêté du ministre de l'intérieur du 12 août 1813, art 77).

Les régimes suivants apportèrent chacun leur règlement nouveau : la Restauration, le règlement du 19 juillet 1816 ; la monarchie de

Juillet, celui du 14 septembre 1831, mais ces règlements ne firent qu'appliquer et consacrer les mêmes principes.

En 1849, pour la première fois, le législateur s'occupa de l'organisation de l'assistance à domicile à Paris ; mais ce fut pour déclarer qu'elle demeurait placée dans les attributions de l'administration générale de l'Assistance publique (loi du 10 janvier 1849, art. 1er).

L'organisation du service était réservée au pouvoir exécutif, qui devait en faire l'objet d'un règlement d'administration publique (art. 8).

Cette prescription de la loi n'avait pas encore été exécutée, et l'organisation de l'assistance à domicile était régie par un simple arrêté du directeur de l'Assistance publique, approuvé, à la date du 28 juillet 1860, par le préfet de la Seine, lorsqu'un décret du Gouvernement de la Défense nationale, rendu le 29 septembre 1870, enleva à l'administration des hospices et hôpitaux le service des secours à domicile, non, il est vrai, pour rendre ce service indépendant, mais pour le confier « exclusivement à l'autorité municipale ». Dès le 18 février suivant, on revenait à l'ancien état de choses, et aux termes de la loi du 21 mai 1873, relative aux commissions administratives des hospices et des bureaux de bienfaisance, l'administration de l'Assistance publique continua à être régie par les prescriptions de la loi du 10 janvier 1849.

La loi de 1849 restait donc en vigueur ; mais son article 8 demeurait sans effet. L'organisation des secours à domicile reposait sur l'arrêté précité du directeur de l'Assistance publique de 1860, qui avait été modifié sur divers points, soit par des arrêtés préfectoraux (arrêtés des 23 février-30 avril 1877, 30 octobre-23 novembre 1879), soit par des arrêtés du préfet approuvés par le ministre de l'intérieur (arrêtés des 15-20 février 1879 et des 15-16 mars 1879).

Conformément aux vœux émis par le conseil municipal de Paris, notamment dans sa séance du 16 mars 1880, et sur la proposition du préfet de la Seine, M. Lepère, alors ministre de l'intérieur, décida qu'il y avait lieu de procéder à la préparation du projet de règlement d'administration publique prévu trente et un ans auparavant.

Un décret du 4 mai 1880 institua une commission spéciale d'études qui comprenait, sous la présidence du ministre et du sous-secrétaire d'État, des membres du Parlement et du Conseil d'État, du conseil municipal et des municipalités de Paris, des représentants du conseil de surveillance de l'Assistance publique, de la préfecture de la Seine, de l'inspection générale des établissements de bienfaisance, le directeur de l'Assistance publique et son secrétaire général, le directeur du mont-de-piété, des médecins des hôpitaux et des bureaux de bienfaisance.

A la suite de laborieuses études, cette commission remit au ministre son rapport dont la rédaction avait été confiée à l'un de ses secrétaires, M. Camille Lyon, maître des requêtes au Conseil d'État. Le projet ainsi élaboré fut communiqué pour avis au conseil de surveillance de l'Assistance publique et au conseil municipal. La première de ces assemblées vota, le 22 février 1883, un avis favorable au projet sous la réserve de quelques amendements. Le 7 avril 1884, le conseil municipal se prononça à son tour, sur le rapport de M. Fiaux; il présenta un contre-projet dont l'adoption eût modifié profondément l'organisation du service. Il tendait, en effet, à créer un bureau de bienfaisance unique, administré par une assemblée spéciale, centralisant toutes les ressources affectées au soulagement des pauvres à domicile et les répartissant entre des bureaux secondaires d'arrondissement, de manière à ce que tous les indigents de la capitale pussent recevoir des secours égaux. Les bureaux secondaires eussent compris la *municipalité élue*, c'est-à-dire que les conseillers municipaux eussent été membres de droit. Les maisons de secours auraient été supprimées et remplacées par des dispensaires dont le service eût été exclusivement confié à un personnel laïque. Les listes d'indigents déposées dans les mairies auraient dû être communiquées aux citoyens qui, au nombre de deux au moins, auraient justifié de leur identité. Autorisation eût été donnée aux bureaux d'instituer un service de consultations judiciaires. La répartition de la subvention ordinaire se fût faite proportionnellement au nombre des indigents inscrits.

Le Conseil d'État fut à son tour saisi par le ministre de l'intérieur de l'examen d'un projet qui, porté d'abord devant les sections réunies de l'intérieur et de législation, fut ensuite discuté, au rapport de M. le conseiller Marquès di Braga, en assemblée générale.

Sur l'avis de la haute assemblée, est enfin intervenu le décret du 12 août dernier.

Le nouveau règlement, loin de centraliser le service des secours à domicile, comme le demandait le conseil municipal, développe l'autonomie des bureaux de bienfaisance.

Nous n'étudierons pas, dans ses détails, le décret du 12 août. Signalons seulement quelques-unes des plus importantes dispositions qu'il renferme :

1° Le maire et les adjoints sont seuls membres de droit de la commission administrative. Les autres administrateurs sont nommés par le préfet sur une liste triple de candidats présentés par le maire ;

2° Les médecins, après avoir été longtemps nommés sans autre condition par le préfet de la Seine sur la présentation des bureaux, l'étaient depuis l'arrêté du 29 février 1879, à la suite de l'élection par les confrères de l'arrondissement ; ils seront désormais choisis au concours. Les conditions du concours seront l'objet d'un règlement ministériel[1]. L'article 7 de la loi du 10 janvier 1849 ne laissait d'option qu'entre ces deux modes : l'élection et le concours. C'est le dernier qui a prévalu (art. 21 et suivants) ;

3° Les maisons de secours sont maintenues (art. 2) ; le préfet nomme le personnel qui y est attaché, sur la présentation des commissions administratives (art. 9) ;

4° Les indigents qui recevront des secours annuels seront tenus de faire connaître la quotité des secours permanents qu'ils recevraient d'institutions charitables étrangères à l'Assistance publique. La suppression des secours annuels est la sanction attachée à toute fausse déclaration. Pour faciliter l'exécution de cette disposition, la liste des personnes secourues annuellement pourra être communiquée aux œuvres charitables qui s'engageront à communiquer elles-mêmes au bureau la liste de leurs indigents (art. 33) ;

5° Les bureaux, en dehors des dons en nature et en argent, et de l'allocation d'une nourrice pour les enfants que leur mère ne peut allaiter, pourront instituer des secours spéciaux pour frais de route et de rapatriement, loyers, apprentissage, admission dans les orphelinats, stations méridionales ou maritimes, établissements thermaux et autres établissements de bienfaisance. Ils pourront aussi faciliter l'admission des indigents dans les sociétés de secours mutuels, notamment en leur fournissant la somme nécessaire pour payer le droit d'entrée (art. 46 et 47) ;

---

1 On trouvera, à la suite du décret du 18 août 1886, le texte de l'arrêté ministériel du 25 février 1887, réglementant ce concours.

6° Les subventions de l'Assistance publique pour les dépenses variables seront réparties entre les bureaux : *a*) pour un cinquième proportionnellement à la population de chaque arrondissement ; *b*) pour deux cinquièmes, en raison inverse du montant de la contribution personnelle et mobilière de chaque arrondissement, divisé par le chiffre de la population ; *c*) les deux derniers cinquièmes seront répartis entre les bureaux des arrondissements les plus pauvres par le budget de l'Assistance (art. 73).

Nous appelons en outre l'attention sur la détermination des attributions de l'ordonnateur (art. 16), du secrétaire-trésorier (art. 18), sur l'organisation de l'assistance médicale (art. 56 et suivants), sur le service pharmaceutique (art. 62 et 80), enfin sur la comptabilité des bureaux en recettes et dépenses (69 à 77).

En dehors du règlement pour les concours des médecins, le décret renvoie au ministre de l'intérieur le soin de pourvoir aux mesures d'exécution, notamment en ce qui concerne le règlement sur le service intérieur ; un règlement arrêté de concert entre les ministres de l'intérieur et des finances aura à statuer sur le service financier (art. 81).

DÉCRET DU 12 AOUT 1886

PORTANT RÈGLEMENT D'ADMINISTRATION PUBLIQUE

SUR

L'ORGANISATION DES SECOURS A DOMICILE

DANS LA

VILLE DE PARIS

Le Président de la République française,

Sur le rapport du ministre de l'intérieur;

Vu l'article 8 de la loi du 10 janvier 1849 ;

Vu l'avis du conseil de surveillance de l'Assistance publique du 22 février 1883 ;

Vu l'avis du conseil municipal de Paris, du 7 avril 1884 ;

Le Conseil d'État entendu ;

Décrète :

CHAPITRE PREMIER.

DE L'ORGANISATION DES BUREAUX DE BIENFAISANCE.

Art. 1er. — Dans chacun des arrondissements de la ville de Paris, un bureau de bienfaisance est chargé du service des secours à domicile.

Art. 2. — Chaque bureau est administré par une commission composée :

1° Du maire de l'arrondissement, président de droit ;

2° Des adjoints, membres de droits ;

3° De douze administrateurs au minimum ;

4° D'un secrétaire-trésorier qui a voix consultative dans les séances du bureau.

Le nombre des administrateurs est fixé par arrêté du préfet de la Seine. Il peut être porté jusqu'à dix huit

Art. 3. — Il est attaché à chaque bureau:

Des commissaires et des dames de bienfaisance ;

Des docteurs en médecine ;

Des sages-femmes de première classe ;

Des employés, agents et auxiliaires.

Les cadres du personnel médical et administratif sont fixés, pour chaque bureau de bienfaisance, par arrêté du préfet de la Seine.

Art. 4. — Les administrateurs sont nommés par le préfet de la Seine, sur la proposition du directeur de l'administration de l'Assistance publique. Ils sont choisis sur une liste triple de candidats présentés par le maire de l'arrondissement.

Leurs fonctions sont gratuites.

Ils ne peuvent être révoqués que par le ministre de l'intérieur, sur la proposition du préfet de la Seine, après avis du conseil de surveillance et du directeur de l'administration de l'Assistance publique.

Les commissions administratives ne peuvent être dissoutes que suivant les formes prévues au paragraphe précédent.

Art. 5. — Les divisions sont, pour le renouvellement des administrateurs, réparties en quatre séries par voie de tirage au sort.

Chaque année il est procédé au renouvellement des administrateurs d'une série.

Les administrateurs sortants peuvent être renommés.

Lorsqu'il y a lieu de remplacer un administrateur avant l'expiration de son mandat, le nouvel administrateur ne reste en exercice que pour la durée du mandat de celui qu'il remplace.

A titre de mesure transitoire, les administrateurs actuels resteront en fonctions jusqu'à l'expiration de la période pour laquelle ils ont été nommés.

Art. 6. — Après vingt ans de services, les administrateurs et les médecins peuvent recevoir du ministre de l'intérieur, à la demande de la commission du bureau de bienfaisance auquel ils sont attachés, le titre d'administrateur et de médecin honoraire.

Art. 7. — Les commissions administratives désignent chaque année, parmi leurs membres et par voie du scrutin ;

Un vice-président ;

Un administrateur-secrétaire ;

Un ordonnateur ;

Un délégué près l'administration de l'Assistance publique.

Art. 8. — Les commissaires et les dames de bienfaisance sont nommés par la commission administrative au scrutin et à la majorité des voix, sur la présentation de l'administrateur de la division à laquelle ils doivent être attachés.

Leurs fonctions sont gratuites.

Ils ne peuvent être révoqués que par le préfet de la Seine, sur la proposition de la commission administrative.

Art. 9. — Le secrétaire-trésorier, les employés et agents du bureau de bienfaisance sont nommés par le préfet de la Seine, conformément aux dispositions de l'article 6 du règlement d'administration publique du 24 avril 1849.

Le préfet de la Seine pourvoit, sur la présentation des commissions administratives, aux nominations du personnel affecté aux maisons de secours.

Art. 10. — La commission administrative ne peut délibérer que si la majorité de ses membres est présente.

Art. 11. — Il est tenu chaque année une assemblée composée :

1º De la commission administrative ;

2º Des commissaires et des dames de bienfaisance ;

3º Des médecins et des sages-femmes.

Il est rendu compte dans cette réunion des travaux de l'année précédente, des recettes et des dépenses de l'exercice.

Les personnes appelées à cette séance peuvent présenter leurs observations ; le procès-verbal de la séance est adressé au directeur de l'administration de l'Assistance publique.

Art. 12. — Il est établi dans la circonscription de chaque bureau autant de maisons de secours que les besoins du service l'exigent, sans préjudice des autres établissements charitables qui seraient entretenus par les bureaux de bienfaisance.

Les maisons de secours sont exclusivement affectées à la réception des indigents par les administrateurs, au service médical et pharmaceutique et au service des distributions et des prêts. Leur personnel y est logé.

CHAPITRE II.

FONCTIONNEMENT DES BUREAUX DE BIENFAISANCE.

Art. 13. — Les commissions administratives font la répartition et l'emploi de tous les secours mis à leur disposition par l'administration de l'Assistance publique ou par la bienfaisance des particuliers ; elles surveillent les établissements charitables entretenus par les bureaux, en particulier les maisons de secours.

Art. 14. — Le maire préside la commission administrative ; en son absence, la présidence appartient de droit à un des adjoints et, à défaut de ceux-ci, au vice-président élu.

Le maire a la surveillance de l'ensemble du service confié au bureau.

Il exerce son autorité immédiate sur le personnel administratif.

Il convoque la commission administrative au moins deux fois par mois.

Art. 15. — L'administrateur-secrétaire est chargé de suivre l'exécution des décisions du bureau. Il surveille la rédaction des procès-verbaux des séances et la tenue des registres autres que ceux de la comptabilité.

Art. 16. — L'ordonnateur a la surveillance de la comptabilité ; il est chargé de la signature des mandats de paiement et des ordonnances de délégation destinées à mettre les fonds à distribuer à la disposition des maires, adjoints et administrateurs. Il délivre les ordres de retrait des fonds placés en compte courant au Trésor public. Il vise les bons de demande et ordres de livraison. Il vise le journal général à la fin de chaque mois et établit la situation de la caisse et des magasins. Il en fait la vérification aussi souvent qu'il le juge convenable.

Art. 17. — Les administrateurs sont chargés du service des secours dans la division d'arrondissement qui est spécialement confiée à chacun d'eux ; les commissaires et les dames de bienfaisance affectés à la division leur prêtent leur concours.

Les administrateurs reçoivent les indigents au moins une fois par semaine à la maison de secours qui est affectée à leur division.

Les administrateurs peuvent délivrer, aux personnes dont l'indigence a été constatée, les certificats qui leur sont nécessaires dans les cas prévus par les lois ou les règlements administratifs. Ces certificats sont visés par les maires.

Art. 18. — Le secrétaire-trésorier est chargé de la rédaction des procès-verbaux et de la tenue des registres ; il prépare la correspondance officielle du bureau de bienfaisance et la présente à la signature du président.

Il dirige le travail des employés et veille à l'exécution des règlements intérieurs, ainsi qu'à l'ordre et à la bonne tenue du secrétariat, des maisons de secours et de tous les services qui en dépendent.

Le secrétaire-trésorier signale les travaux à exécuter et en surveille l'exécution.

Il signe les ordres de livraison des marchandises.

Il fait partie des commissions d'acquisition et de réception, dresse les procès-verbaux d'acceptation et les signe conjointement avec les experts et les administrateurs spécialement délégués.

Il reçoit les fournitures et s'assure de leur qualité.

Il est exclusivement chargé de la garde de la caisse et des magasins.

Il est tenu de représenter, à toute réquisition, aux inspecteurs administratifs et aux membres du conseil de surveillance de l'Assistance publique, les registres et documents qu'ils ont à consulter pour l'accomplissement de leur mission.

Art. 19. — Le secrétaire-trésorier est assujetti à toutes les obligations imposées aux comptables de deniers publics. Il est assimilé, pour les devoirs à remplir et les responsabilités administrative et pécuniaire, aux receveurs et économes des établissements hospitaliers.

Art. 20. — Les membres de la commission administrative, les commissaires et les dames de bienfaisance doivent rester étrangers à tout maniement de deniers.

CHAPITRE III.

PERSONNEL MÉDICAL.

Art. 21. — Les médecins des bureaux de bienfaisance sont nommés au concours.

Art. 22. — Les médecins des bureaux de bienfaisance sont institués par le ministre de l'intérieur pour quatre années, qui commencent à courir du 1er janvier qui suit leur institution.

A l'expiration du temps pour lequel ils ont été institués, les médecins des bureaux de bienfaisance peuvent être réinstitués par le ministre pour une nouvelle période de quatre ans et ainsi de suite.

Aucun médecin ne peut rester en activité après sa soixante-cinquième année.

Art. 23. — Les médecins actuellement en exercice peuvent, à l'expiration de la période pour laquelle ils ont été précédemment nommés, être réinstitués par le ministre de l'intérieur dans les conditions fixées à l'article précédent, sans qu'ils aient à se soumettre au concours [1].

---

1. Dans sa séance du 2 juin 1887, le Conseil d'État a émis l'avis que cette disposition n'était pas applicable aux officiers de santé antérieurement attachés aux bureaux de bienfaisance ; argument tiré de l'article 3.

Art. 24. — Lorsqu'il y a lieu de pourvoir à un emploi de médecin des bureaux de bienfaisance, le concours est annoncé trois mois à l'avance.

Les candidats doivent se faire inscrire à la mairie de l'arrondissement et justifier qu'ils sont Français, âgés de vingt-cinq ans au moins, munis d'un diplôme de docteur d'une des Facultés de médecine de l'État, et qu'ils résident dans l'arrondissement où la vacance s'est produite ou dans un quartier limitrophe.

Toutefois, cette dernière condition peut être remplacée par l'engagement de remplir les conditions nécessaires de résidence aussitôt après leur institution.

Le registre des inscriptions est clos un mois avant la date du concours.

Il sera statué, par arrêté du ministre de l'intérieur, sur les formes du concours et la nature des épreuves, en particulier des épreuves cliniques.

Art. 25. — Au cas où, par suite de l'absence de concurrents ou de l'insuffisance des épreuves constatée par un rapport motivé du jury d'examen, le concours ne donnerait pas de résultats, il serait pourvu aux emplois vacants par le ministre de l'intérieur sur la proposition des commissions administratives.

Les dispositions de l'article 22 sont applicables aux médecins désignés par le ministre.

Art. 26. — Les médecins institués par le ministre sont à la disposition du service jusqu'à leur remplacement.

En cas d'empêchement d'un médecin, le service peut être assuré par le directeur de l'administration de l'Assistance publique de concert avec la commission administrative.

L'allocation des médecins en titre est attribuée à leurs remplaçants.

Art. 27. — A la fin de chaque année, le maire adresse au directeur de l'administration de l'Assistance publique un rapport sur la manière dont chaque médecin a rempli ses fonctions.

Le maire est tenu de transmettre d'urgence au directeur de l'Assistance publique les plaintes écrites portées contre les médecins.

Si ces plaintes paraissent justifiées au directeur, il les communique à la commission administrative et, s'il y a lieu, au conseil de surveillance, par lequel le médecin doit être entendu en ses explications.

Art. 28. — Les médecins des bureaux de bienfaisance peuvent être blâmés ou réprimandés par le préfet de la Seine, après avis du conseil de surveillance.

Ils peuvent être destitués par le ministre de l'intérieur, après avis du conseil de surveillance. En cas d'urgence, le préfet peut prescrire la suspension provisoire d'un médecin.

Le médecin destitué ne peut plus faire partie du personnel médical des bureaux de bienfaisance.

Art. 29. — Les fonctions de médecin d'un bureau de bienfaisance sont incompatibles avec celles d'administrateur.

Art. 30. — Les sages-femmes sont nommées par le préfet de la Seine, sur la proposition des commissions administratives. Elles ne peuvent être révoquées que par le préfet de la Seine, après avis des commissions administratives.

Elles sont tenues à la résidence dans l'arrondissement où elles exercent leurs fonctions.

CHAPITRE IV.

DES PERSONNES A SECOURIR.

Art. 31. — Les personnes à secourir peuvent recevoir des secours annuels ou des secours temporaires.

Art. 32. — Ne peuvent être admis à recevoir des secours annuels que les indigents incapables de pourvoir à leur subsistance par le travail et qui rentrent dans une des catégories suivantes :

1° Personnes atteintes d'infirmités ou de maladies chroniques ;

2° Vieillards âgés de soixante-quatre ans révolus ;

3° Orphelins âgés de moins de treize ans.

Les personnes de nationalité française, ayant leur domicile de secours à Paris, sont seules admises à recevoir ces secours.

L'admission aux secours annuels ne peut être prononcée que par la commission administrative, sur le rapport d'une commission spéciale qui examine et contrôle préalablement les propositions individuelles des administrateurs.

A la fin de chaque année, la commission administrative fait procéder à une révision de la liste des personnes qui reçoivent des secours annuels.

Art. 33. — Les indigents qui reçoivent des secours annuels sont tenus de faire connaître au secrétariat du bureau de bienfaisance la quotité des secours permanents qu'ils pourraient recevoir d'institutions charitables étrangères à l'administration de l'Assistance publique. En cas de fausse déclaration, les secours annuels sont supprimés.

La liste des personnes qui reçoivent des secours annuels peut être communiquée aux représentants des institutions charitables qui prennent l'engagement de communiquer au bureau de bienfaisance la liste des indigents qu'elles secourent.

Art. 34. — Peuvent recevoir des secours temporaires les personnes qui se trouvent dans des cas d'indigence momentanée, en particulier par suite de blessures, de maladies ou de couches.

Les administrateurs font connaître au secrétariat du bureau les noms, prénoms, demeures et professions des personnes admises à recevoir des secours temporaires, ainsi que la cessation de ces allocations.

Art. 35. — Dans les premiers jours de chaque mois, les secrétaires-trésoriers doivent faire connaître à l'administration de l'Assistance publique, le mouvement général de la population secourue de leur arrondissement pendant le mois précédent.

Art. 36. — Les blessures, les maladies ou infirmités doivent être constatées par les médecins des bureaux de bienfaisance.

CHAPITRE V.

DES SECOURS.

§ Ier. — *Des secours imputés sur le budget des bureaux de bienfaisance.*

Art. 37. — Les bureaux de bienfaisance accordent, suivant les circonstances, des secours en nature ou des secours en argent.

Art. 38. — Les bons de secours en nature sont nominatifs pour les objets en magasin ou dont le comptable a un compte à rendre.

Les autres bons peuvent être nominatifs ou au porteur.

Les bons au porteur de secours en nature ne sont valables que pendant le cours du trimestre indiqué sur le timbre dont ils sont revêtus.

Les bons de secours au porteur doivent être revêtus du timbre de l'administration de l'Assistance publique avant d'être mis en circulation.

Art. 39. — La quotité des secours temporaires en argent est déterminée, pour chacun des indigents, par la commission administrative, sur le rapport de l'administrateur divisionnaire.

Art. 40. — Il peut aussi être ouvert à chaque administrateur divisionnaire un crédit pour secours temporaires en argent ; ces crédits sont votés par trimestre par la commission administrative.

Il peut être également ouvert aux maires, mais avec l'approbation du préfet, un crédit qu'ils peuvent employer en secours d'urgence.

Art. 41. — Les secours en argent sont distribués sur mandats nominatifs, signés par les ordonnateurs ou par les maires et administrateurs en leur qualité d'ordonnateurs secondaires.

Les mandats de secours sont détachés de livrets à souches remis aux ordonnateurs principaux et secondaires et dont ils donnent récépissé ; les mandats sont numérotés à l'avance.

Ils ne sont valables que dans le mois de leur délivrance.

Ils ne peuvent être payés que par le secrétaire-trésorier et sur l'acquit des indigents auxquels ils sont destinés.

Art. 42. — Par dérogation aux dispositions de l'article précédent, les secours annuels peuvent être payés sans acquit, par le trésorier, aux porteurs de cartes nominatives, lesquelles constituent le titre des parties secourues.

Ces cartes sont divisées en cases correspondant aux mois de l'année. La signature de l'administrateur divisionnaire, apposée mensuellement dans chacune de ces cases, vaut certificat de vie de l'indigent et autorisation de payer le secours.

Lors du paiement mensuel, les cartes de secours restent entre les mains du trésorier ; sur le vu de ces cartes, l'ordonnateur établit un procès-verbal constatant leur rentrée régulière au bureau. Ce procès-verbal, qui constitue un certificat de vie et un certificat de vu-payer collectifs, est produit à l'appui des mandats de régularisation.

Les cartes sont ensuite remises aux administrateurs divisionnaires qui demeurent chargés de les faire parvenir aux indigents après les avoir visées à nouveau.

Art. 43. — Les bons, mandats et titres de secours de toutes espèces doivent être remis directement aux indigents et portés à leur domicile par les administrateurs, dames ou commissaires de bienfaisance.

Il est interdit aux commissions administratives et aux administrateurs d'accorder des allocations pécuniaires pour assurer la remise à domicile des titres de secours.

Art. 44. — Les bureaux de bienfaisance sont autorisés à faire aux indigents des prêts d'objets à leur usage.

Le service des prêts et particulièrement le service de la lingerie sont confiés au personnel secondaire des maisons de secours, sous la surveillance des secrétaires-trésoriers.

Art. 45. — Les bureaux de bienfaisance peuvent assurer l'assistance d'une nourrice aux enfants des femmes accouchées à leur domicile et qui sont reconnues dans l'impossibilité d'allaiter.

Ce secours spécial est délivré d'urgence, à titre provisoire et jusqu'à ce que la commission administrative en ait délibéré, sur une simple demande faite par le médecin et visée par l'ordonnateur.

Art. 46. — Les bureaux peuvent instituer des secours spéciaux pour frais de route et de rapatriement, loyers, apprentissage, admission dans les orphelinats, stations méridionales, établissements thermaux, stations maritimes et autres établissements de bienfaisance.

Art. 47. — Les bureaux de bienfaisance peuvent faciliter l'admission des indigents dans les sociétés de secours mutuels, notamment en leur fournissant la somme nécessaire pour payer le droit d'entrée.

Art. 48. — Sur la demande des administrateurs, les commissions administratives peuvent, après enquête préalable et dans la limite du crédit ouvert à cet effet aux budgets, autoriser la délivrance gratuite des appareils destinés aux infirmes.

§ 2. — *Des secours imputés directement sur le budget de l'administration de l'Assistance publique.*

Art. 49. — Des secours représentatifs du séjour à l'hospice sont créés en faveur des vieillards et des infirmes.

Ces secours, dont le nombre est fixé chaque année dans le budget de l'administration de l'Assistance publique, forment deux classes : la première comporte une allocation de 360 fr. par an ; la seconde, une allocation de 180 fr.

Ces secours sont répartis par l'administration de l'Assistance publique entre les bureaux de bienfaisance suivant les. bases déterminées par le deuxième paragraphe de l'article 73.

Art. 50. — Lorsque, dans un arrondissement, un secours représentatif se trouve sans titulaire par suite de décès, entrée à l'hospice, radiation ou concession de la classe supérieure, la commission administrative du bureau de bienfaisance présente à l'administration de l'Assistance publique un ou plusieurs candidats après délibération, sur un rapport spécial des administrateurs divisionnaires intéressés.

Les admissions aux secours représentatifs sont soumises aux mêmes formes et conditions que les admissions dans les hospices.

Le vingtième des secours représentatifs peut être accordé par l'administration de l'Assistance publique, sans présentation préalable des commissions administratives.

Art. 51. — Les secours représentatifs peuvent être supprimés en cas de changement dans la condition des indigents.

Ils ne peuvent être cumulés avec aucun secours de l'Assistance publique autre que celui de l'assistance médicale.

Art. 52. — Les secours représentatifs sont payés par les secrétaires-trésoriers des bureaux de bienfaisance pour le compte de l'administration de l'Assistance publique, suivant le mode spécial prévu à l'article 42 et à titre d'opérations de trésorerie. Il n'est pas fait état de ces paiements dans les budgets et comptes administratifs des bureaux de bienfaisance.

Les administrateurs divisionnaires sont exclusivement chargés d'assurer la remise aux indigents des titres de secours.

Art. 53. — Le budget de l'administration de l'Assistance publique peut comprendre une allocation destinée au rapatriement des indigents étrangers à la capitale.

Cette allocation est à la disposition du directeur de cette administration, il est justifié de son emploi aux rapatriements.

Art. 54. — Sur le montant des allocations inscrites au budget de l'Assistance publique pour secours à domicile, 1 p. 100 sera mis par moitié à la disposition du préfet de la Seine et du directeur de l'Assistance publique pour être distribué par eux à titre de secours individuels. La somme totale ainsi prélevée ne pourra toutefois excéder 60,000 fr.

Un état nominatif des secours ainsi accordés devra être produit chaque année à l'appui des comptes.

§ 3. — *Des allocations imputées sur le budget départemental.*

Art. 55. — Les secours accordés à des indigents et imputés sur les fonds du service des Enfants assistés, en particulier les secours aux mères nourrices et orphelins, sont payés par les secrétaires-trésoriers des bureaux de bienfaisance à titre d'opérations de trésorerie, suivant le mode prévu à l'article 42. Les titres de secours sont remis aux intéressés par les soins des administrateurs divisionnaires.

CHAPITRE VI.

DE L'ASSISTANCE MÉDICALE.

Art. 56. — Le service de santé dans les maisons de secours comporte des consultations et des soins médicaux qui sont donnés par les médecins, aux indigents, à des jours et heures déterminés.

Art. 57. — Les médecins sont chargés du traitement des malades soit à domicile, soit dans les salles de consultation.

Ils sont tenus de fournir les renseignements statistiques qui leur sont demandés par l'administration.

Art. 58. — Les sages-femmes chargées des accouchements à domicile sont sous la surveillance du médecin de la circonscription, elles doivent l'appeler quand les accouchements présentent des difficultés.

Elles sont tenues de consigner sur un registre spécial les renseignements statistiques qui leur sont demandés par l'administration.

Art. 59. — Le personnel secondaire des maisons de secours est l'auxiliaire du personnel médical pour les pansements et autres détails du traitement. Il visite à domicile les indigents malades.

Art. 60. — L'assistance médicale à domicile est accordée à titre provisoire, en suite d'une simple demande adressée au secrétariat du bureau de bienfaisance.

Les médecins et les administrateurs divisionnaires sont immédiatement informés des demandes qui les concernent par les soins des secrétaires-trésoriers.

Art. 61. — Une commission dite du *service médical* est formée du prési

2

dent ou du vice-président de la commission administrative, d'un administra
teur et d'un médecin désignés par la commission administrative et du
secrétaire-trésorier. Elle se réunit chaque semaine pour prendre connaissance
de tout ce qui concerne le service des malades ; elle décide si l'assistance
médicale doit être continuée ou suspendue, et statue sur les secours pécuniaires ou autres à accorder aux malades.

Le président de la commission du service médical est ordonnateur secondaire des secours pécuniaires. Il délivre des mandats dans les conditions
prévues à l'article 41.

En cas d'urgence, pendant l'intervalle des séances, des secours peuvent
être délivrés sur bons en nature ou sur mandats en argent du président de
la commission, qui lui en rend compte à sa première réunion.

Art. 62. — Les médicaments prescrits par les médecins aux indigents assistés leur sont délivrés gratuitement.

Les médicaments provenant de la pharmacie centrale des hôpitaux sont
délivrés dans les dépôts créés près les établissements de secours qui dépendent des bureaux de bienfaisance.

Les autres médicaments sont délivrés par les pharmaciens de l'arrondissement fournisseurs des bureaux de bienfaisance.

Les ordonnances des médecins mentionnent expressément si les médicaments doivent être délivrés par les pharmaciens de l'arrondissement ou par
le dépôt administratif, selon les distinctions prévues à l'article 80.

Les médecins sont autorisés, dans le cas d'urgence, à mentionner sur les
ordonnances qu'elles seront servies, sans distinction, par le premier pharma-
cien auquel s'adressera l'indigent.

Art. 63. — La commission du service médical rend compte à la commission
administrative, à la fin de chaque trimestre, de la situation du service.

Elle propose le vote des crédits nécessaires ; ces crédits comprennent l'ensemble de toutes les dépenses occasionnées par le service des
malades.

Art. 64. — Le président de la commission du service médical est chargé
de la désignation, pour être envoyés aux asiles de Vincennes et du Vésinet,
des ouvriers et ouvrières en état de convalescence, ayant leur domicile de
secours à Paris, qui, pendant le temps de leur maladie, auraient été traités à
domicile.

CHAPITRE VII.

DU BUDGET ET DES COMPTES DES BUREAUX DE BIENFAISANCE.

Art. 65. — Tous les ans, au mois d'avril, chaque commission administrative
dresse un budget des recettes et des dépenses du bureau de bienfaisance
pour l'exercice suivant.

Elle présente en même temps un compte général des opérations de l'exercice expiré.

Les budgets et les comptes sont approuvés par le préfet de la Seine, après
avis du conseil de surveillance de l'Assistance publique et du conseil municipal.

Les recettes et les dépenses des bureaux de bienfaisance ne peuvent être
faites que selon les prévisions du budget primitif ou en vertu d'autorisations

supplémentaires votées et autorisées selon les mêmes formes que le budget primitif.

Art. 66. — Les secrétaires-trésoriers rendent chaque année des comptes de gestion établis dans les formes prescrites par les articles 1 et 2 du décret du 27 janvier 1866.

Ces comptes comprennent, pour ordre, les opérations relatives aux bons au porteur de secours en nature. Ces opérations sont justifiées par les certificats de timbrage des bons à l'administration de l'Assistance publique, les récépissés des administrateurs chargés de la distribution, les relevés des factures des fournisseurs, les procès-verbaux d'incinération des bons produits à l'appui de ces factures.

Les commissions administratives sont appelées à délibérer sur les comptes de gestion, qui sont définitivement jugés par la Cour des comptes.

Art. 67. — Les secrétaires-trésoriers rendent compte de leur gestion, en qualité d'économes, conformément aux dispositions de l'ordonnance du 29 novembre 1831.

Art. 68. — Les comptes administratifs et les comptes de gestion font état, pour ordre, en recette et en dépense, de l'évaluation en argent des libéralités en nature qui sont misés à la disposition des bureaux.

CHAPITRE VIII.

DES RECETTES DES BUREAUX DE BIENFAISANCE.

Art. 69. — Les ressources dont les bureaux de bienfaisance ont la disposition se composent :

1° Des recettes intérieures ;

2° Des dons et legs ;

3° Des sommes que l'administration de l'Assistance publique leur verse à titre de subventions sur les fonds généraux affectés au service des secours à domicile.

Art. 70. — Les commissions administratives doivent employer tous les moyens qu'elles jugent les plus propres à augmenter les ressources des bureaux de bienfaisance, notamment faire des quètes, des collectes, établir des troncs et organiser des fêtes de bienfaisance. Il est rendu compte des recettes brutes et des dépenses de ces fêtes.

Le montant des dons et libéralités que la bienfaisance privée remet entre les mains des maires, adjoints, administrateurs, commissaires ou dames de bienfaisance, en quelque lieu et en quelque occasion que ce soit, doit être versé intégralement dans la caisse des secrétaires-trésoriers, sauf à en faire l'application ultérieure suivant les intentions exprimées par le donateur.

Art. 71. Lorsque des dons et legs sont faits aux pauvres pour l'assistance à domicile, sans affectation à un arrondissement déterminé, la répartition entre les bureaux de bienfaisance est faite conformément aux dispositions du deuxième paragraphe de l'article 73.

Art. 72. Les subventions de l'administration de l'Assistance publique comprennent :

1° Des subventions destinées à couvrir intégralement les dépenses fixes des bureaux énumérées à l'article 75 ci-après ;

2° Des subventions applicables aux dépenses variables, mais sans affectation spéciale ;

3° Des subventions applicables aux dépenses variables, mais dont l'affectation résulte des indications du budget de l'Assistance publique.

Art. 73. — Les subventions pour les dépenses fixes sont accordées aux bureaux de bienfaisance des arrondissements désignés par le budget annuel de l'Assistance publique.

Les subventions pour les dépenses variables sont réparties chaque année entre les bureaux de bienfaisance, pour un cinquième proportionnellement à la population de chaque arrondissement, et pour deux autres cinquièmes, en raison inverse du montant de la contribution personnelle et mobilière de chaque arrondissement divisé par le nombre d'habitants formant la population générale de cet arrondissement. Les deux derniers cinquièmes sont répartis entre les bureaux de bienfaisance des arrondissements les plus pauvres de Paris, par le budget de l'administration de l'Assistance publique, après avis des délégués des bureaux de bienfaisance.

CHAPITRE IX.

DES DÉPENSES DES BUREAUX DE BIENFAISANCE.

Art. 74. — Les dépenses se divisent en dépenses fixes et en dépenses variables.

Les dépenses variables se divisent :

1° En dépenses imputées sur les subventions et sur les libéralités qui comportent un emploi particulier ;

2° En dépenses imputées sur les recettes intérieures du bureau et sur les subventions et libéralités sans affectations spéciales.

Art. 75. — Les dépenses fixes concernent :

1° Les traitements, indemnités, gratifications et salaires divers du secrétaire-trésorier, des employés du secrétariat, des médecins et sages-femmes, du personnel secondaire des maisons de secours et des agents auxiliaires et inférieurs du service ;

2° Les impressions et frais de bureau ;

3° Les loyers, entretien, et menues réparations des secrétariats et maisons de secours ;

4° L'éclairage et le chauffage des bureaux du secrétariat, des maisons de secours et du personnel secondaire des maisons de secours ;

5° Le linge, le coucher et le blanchissage de ce personnel secondaire ;

6° Les meubles, ustensiles et menus débours des secrétariats et maisons de secours.

Art. 76. — Les dépenses variables correspondent aux distributions de secours et au service de la vaccination ; elles comprennent :

1° Les allocations en argent ;

2° Les dépenses de matériel pour les secours en nature, le service médical et le service des prêts.

Art. 77. — Les dépenses fixes et les dépenses variables imputées sur les fonds spéciaux sont obligatoires ; l'autorité qui règle le budget peut augmenter ou diminuer les crédits votés par les commissions administratives et correspondant à ces dépenses.

L'autorité qui règle le budget ne peut, lorsqu'il a été pourvu aux dépenses obligatoires et sauf dans le cas de violation de la loi ou des règlements, modifier les allocations votées par les commissions administratives pour les dépenses imputées sur les fonds sans affectation.

Les budgets et les comptes présentent distinctement les dépenses obligatoires.

CHAPITRE X.

DES FOURNITURES.

Art. 78. — Les bons de pain sont servis par tous les boulangers de l'arrondissement.

Les bons de comestibles, de combustibles, de paille, de bains, sont servis par les fournisseurs qui, dans chaque quartier, ont accepté les conditions fixées par la commission administrative, sans qu'il y ait lieu à adjudication.

Art. 79. — Les dispositions de l'ordonnance du 14 novembre 1837 sont applicables aux bureaux de bienfaisance, sauf les exceptions prévues au présent décret.

Il est procédé aux adjudications, soit par les soins des commissions administratives, soit par ceux de l'administration de l'Assistance publique, selon ce qu'en décident les commissions administratives pour chaque espèce de fournitures, lors du vote annuel des budgets des bureaux de bienfaisance.

Lorsque des fournitures sont adjugées par l'administration de l'Assistance publique, elles sont reçues et emmagasinées par ses soins ; elles sont ultérieurement délivrées aux bureaux de bienfaisance contre remboursement, sur la demande des secrétaires-trésoriers.

Les marchés de gré à gré, lorsqu'ils sont autorisés par l'ordonnance de 1837 ou par le présent décret, sont passés avec l'autorisation du préfet de la Seine par les soins des commissions administratives.

Les appareils pour infirmes mentionnés à l'article 48 sont fournis, à charge de remboursement, par l'administration de l'Assistance publique.

Il en est de même de la fourniture des divers imprimés administratifs.

Art. 80. — Les médicaments sont fournis aux bureaux de bienfaisance, soit par la pharmacie centrale des hôpitaux et à charge de remboursement, en ce qui concerne les remèdes magistraux, soit par les pharmaciens de l'arrondissement, en ce qui concerne les remèdes officinaux.

Sont seuls admis à fournir des médicaments, les pharmaciens de l'arrondissement qui ont accepté le tarif fixé par l'administration et se sont soumis à l'avance aux mesures de contrôle qu'elle croirait devoir prescrire.

Le tarif d'après lequel les fournitures sont payées aux pharmaciens est préparé par le directeur de l'administration générale de l'Assistance publique, et fait l'objet d'un arrêté préfectoral ; il est revisé tous les ans.

CHAPITRE XI.

DISPOSITIONS DIVERSES ET GÉNÉRALES.

Art. 81. — Il sera, pourvu, par arrêtés du ministre de l'intérieur, aux mesures d'exécution que comporte le présent décret, en particulier en ce qui concerne le règlement sur le service intérieur des bureaux de bienfaisance.

Un règlement, arrêté de concert entre les ministres de l'intérieur et des finances, statuera sur le service financier des bureaux de bienfaisance en tout ce qui n'est pas réglé par le présent décret, en particulier en ce qui concerne les justifications à produire par les secrétaires-trésoriers à l'appui de leur compte de gestion.

Art. 82. — Sont et demeurent abrogés, l'arrêté des Consuls du 29 germinal an IX, l'ordonnance royale du 29 avril 1831 et toutes les dispositions contraires au présent règlement.

Art. 83. — Le ministre de l'intérieur est chargé de l'exécution du présent décret.

Fait à Mont-sous-Vaudrey, le 12 août 1886.

JULES GRÉVY.

Par le Président de la République :

Le Ministre de l'Intérieur,

SARRIEN.

ARRÊTÉ DU MINISTRE DE L'INTÉRIEUR

RÉGLANT LE CONCOURS POUR LES MÉDECINS DES BUREAUX DE BIENFAISANCE DE PARIS.

Le Président du Conseil, ministre de l'intérieur et des cultes,

Vu le décret du 12 août 1886, portant règlement d'administration publique sur l'organisation de l'assistance à domicile, dans la ville de Paris, disposant :

' 1° Article 21e, que les médecins des bureaux de bienfaisance seront nommés au concours ;

2° Article 24e, qu'un arrêté ministériel statuera sur les formes du concours et la nature des épreuves, en particulier des épreuves cliniques ;

Vu les propositions du Préfet de la Seine, en date du 15 février 1887 ;

Arrête :

Art. 1er.

Le concours pour les emplois de médecins des bureaux de bienfaisance est réglé ainsi qu'il suit :

1° Une épreuve de diagnostic, suivie d'une ordonnance écrite en formule.

Les malades seront choisis par les juges avant la séance et tirés au sort par les candidats, à mesure qu'ils seront appelés à subir les épreuves.

Il sera donné au candidat dix minutes pour l'examen des malades ; cinq minutes pour l'exposition orale du diagnostic et dix minutes pour la rédaction de l'ordonnance, avec formules, laquelle rédaction sera lue à la fin de la séance ; vingt-cinq points seront donnés pour cette épreuve.

Les vingt-cinq points seront divisés en :

1° Quinze points pour le diagnostic ;

2° Dix points pour l'ordonnance.

2° Une consultation écrite sur la conduite à tenir dans un cas de pratique obstétricale (question commune à tous les candidats).

Une demi-heure sera accordée au candidat pour la rédaction de cette consultation, dont la lecture sera donnée en public.

Il sera donné quinze points pour la consultation écrite.

3° Appréciation des titres antérieurs.

Dix points seront accordés à l'appréciation des titres antérieurs.

Les épreuves seront publiques.

Il y aura un concours tous les ans, à moins de vacances exceptionnelles dans les places des médecins des bureaux de bienfaisance.

Les candidats, en s'inscrivant, indiqueront, par ordre de préférence, les arrondissements pour lesquels ils concourent.

Le jury sera composé de quatre médecins des bureaux de bienfaisance, ayant au moins six années de fonctions et tirés au sort, et d'un délégué de l'administration centrale.

Les règles générales des concours de l'assistance publique seront applicables à ce concours.

Art. 2.

M. le Préfet de la Seine est chargé d'assurer l'exécution du présent arrêté.

Fait à Paris, le 25 février 1887.

Signé : René GOBLET

Nancy — Imp. Berger-Levrault et Cⁱᵉ.

LIBRAIRIE ADMINISTRATIVE DE BERGER-LEVRAULT ET Cie

Paris, 5, rue des Beaux-Arts. — Même maison à Nancy.

REVUE

DES

ÉTABLISSEMENTS DE BIENFAISANCE

HOSPICES, HÔPITAUX, BUREAUX DE BIENFAISANCE, MONTS-DE-PIÉTÉ
ASILES D'ALIÉNÉS, ENFANTS ASSISTÉS, DÉPÔTS DE MENDICITÉ
SOCIÉTÉS DE CHARITÉ MATERNELLE, CRÈCHES ET AUTRES ÉTABLISSEMENTS PUBLICS OU PRIVÉS

Paraissant par livraisons mensuelles de 2 feuilles in-8°.

Troisième année, 1887.

Prix par an : France et Union postale, **10 fr.**

REVUE

DES

INSTITUTIONS DE PRÉVOYANCE

*Organe des Caisses d'épargne nationale et privées, Sociétés de secours mutuels.
Caisses de retraites nationale et privées, Syndicats professionnels, Participation
aux bénéfices, Associations coopératives, Assurances, etc.*

Paraissant tous les mois, par livraisons in-8°

SOUS LA DIRECTION DE M. HIPPOLYTE MAZE, SÉNATEUR
Membre de la commission supérieure de la caisse nationale des retraites

Première année, 1887

CONDITIONS D'ABONNEMENT

France et Algérie, par an . . . . **15 fr.**
Union postale   —   . . . . **16 fr. 50 c.**

Nancy. — Imprimerie Berger-Levrault et Cie.